AU SECOURS ! J'AI UN REPAS DE FAMILLE

PETITS CONSEILS DE SURVIE

François Jouffa & Frédéric Pouhier

FIRST
Editions

ISBN : 978-2-7540-6745-4
Dépôt légal octobre 2014
Imprimé en Italie

Avec la collaboration de Susie Jouffa

Dessin de couverture : Gabs
Mise en page et couverture : Olivier Frenot

Éditions First, un département d'Édi8
12, avenue d'Italie
75013 Paris – France
Tél. : 01 44 16 09 00
Fax : 01 44 16 09 01
E-mail : firstinfo@efirst.com

Site internet : www.editionsfirst.fr

« Les repas de famille ne consistent pas à se manger entre parents. »

JULES JOUY

Introduction

Qu'y a-t-il de plus pénible qu'un repas de famille ?

Alors que vous avez trimé au bureau toute la semaine en compagnie de collègues tous plus idiots les uns que les autres, que vous vous attendiez à passer un week-end tranquille, sur votre canapé, voilà que votre mère vous laisse un message sur votre répondeur, vous invitant, comble de l'horreur, à un repas de famille dimanche.

Votre présence étant évidemment obligatoire, sinon vous passeriez pour un mauvais fils/frère/petit-fils/cousin… Que faire ?

Si, comme Xavier Dupont de Ligonnès ou comme nous, vous n'êtes pas très branché famille, ce guide de survie est fait pour vous.

Il va vous permettre de survivre à toutes sortes de repas de famille, d'envenimer les conversations, de trouver des excuses pour éviter d'aller au mariage de votre petit neveu et de vous mettre tout le monde à dos.

Grâce à ce petit livre, vous vous sentirez en peu de temps aussi désiré qu'un Mauritanien à un dîner dans une famille d'extrême droite.

F. P.

Le saviez-vous ?

Jésus et Michael Jackson s'entendaient très mal avec leur père, Joseph.

Ne l'oubliez jamais !

Dans le mot « reproche », il y a le mot « proche ».

Réplique de série

– Je pense que Dieu nous a donné des enfants pour qu'à la fin de notre vie, la mort nous apparaisse comme une bénédiction.

Mon oncle Charlie

Blague

Une maman cannibale annonce à son fils :

– Ce midi, on va faire un repas de famille, on mange grand-mère.

Les 5 excuses valables pour ne pas aller à un dîner de famille

1. Je suis malade, je ne veux pas vous contaminer avec mon petit doigt foulé.
2. Je dois remplir ma déclaration de revenus.
3. On passe une super pub à la télé ce soir.
4. Dieu me parle et il m'a donné rendez-vous ce soir.
5. Je fais une allergie aux plats trop lourds et aux conversations trop légères.

Citation

« Avoir une famille, est-ce que ce fardeau encombrant est bien nécessaire à la félicité d'un homme ? »

Oscar Wilde

Les 5 avantages d'avoir une famille

1. L'héritage.
2. … Vous ai-je parlé de l'héritage ?
3. … … À part l'héritage, je ne vois pas.
4. … … … Au risque de me répéter, il y a l'héritage.
5. … … … … Non, je ne vois qu'un avantage, voir n°s 1, 2, 3 et 4.

Quiz

À quelle famille correspond cette description ?

« Communauté de personnes étranges réunies par les liens de parenté, au physique effrayant, prêtes à tous les coups bas et considérées comme extrêmement dangereuses. »

1. La famille Adams.
2. La famille Manson.
3. La famille politique.
4. Votre famille.
5. La famille royale d'Angleterre.

Réponse : 1, 2, 3, 4 et 5.

Dictionnaire

Minute n.f. Unité de temps qui donne l'impression de durer une heure durant un repas de famille.

Citation

« Une famille, c'est un nid de frelons en pétard. »

MADELEINE CHAPSAL

Survivre à un apéritif estival

Il y a le ciel, le soleil et ta mère.

Oui, il y a votre mère qui gesticule, crie, hurle pour que tout soit prêt pour l'apéritif. Que le rosé soit bien au frais, que le parasol soit installé, que la table soit dressée. La table de jardin, cet autel dédié à la célébration païenne du dieu Soleil, avec son cortège de chips et de cacahuètes.

Cet apéro familial serait supportable, voire même, osons le dire, agréable, s'il ne durait pas quatre heures. Quatre longues heures de grignotage, de papotage, de radotage. Quatre heures d'ennui profond à se faire brûler la nuque au troisième degré par un soleil pervers, et ce, parce que le parasol est réservé à Mamie.

Comment y échapper ?

Prétexter une allergie au soleil.

Comment y survivre ?

En rêvant à une canicule emportant Mamie dans l'au-delà.

Que répondre ?

Votre famille vous harcèle en vous demandant pourquoi vous n'êtes toujours pas marié. Que leur répondre ?

- Je ne veux pas faire la même bêtise que vous et me marier avec le premier venu (ou la première venue).
- Je suis zoophile et le mariage avec une chèvre n'est pas encore légal.
- Ma maîtresse (ou mon amant) est déjà marié(e) avec un membre de la famille.
- Pourtant, je cherche une femme bien ! Tous les week-ends en club échangiste.
- Mon travail de chômeur me prend trop de temps pour trouver l'amour.

Conseil de survie d'un ancien parachutiste

Lors d'un repas de famille, ayez toujours votre couteau à portée de main. Vous pourrez ainsi réagir au plus vite en cas d'attaque sournoise de la part d'un membre de votre famille (préférez le couteau à viande à celui à beurre).

Blague

Un homme se confie à un ami :
– Demain, c'est mon anniversaire de mariage.
– Ah, et tu comptes faire la fête en famille ?
– Non.
– Tu vas faire quoi ?
– Une minute de silence.

Réplique de série

– Comment on va l'appeler, le bébé, si c'est un mâle ?
– Bah, on lui donnera le même nom que mon père.
– Je ne veux pas l'appeler « l'ivrogne du village » !

Mariés, deux enfants

Survivre à un repas avec sa belle-famille

Il y a pire qu'un repas de famille : il y a un repas avec la belle-famille.

La belle-famille, ce groupe d'individus des plus méfiants qui, même après vingt ans de mariage, vous considèrent toujours comme un suspect, un intrus.

Lors des repas avec eux, vous vous sentez dans la peau d'un accusé devant les assises. Un tribunal présidé par le juge beau-papa :

– Est-il assez bien pour ma fille ?

– A-t-il de l'avenir dans son travail ?

Pendant que la procureur belle-maman s'interroge :

– Sera-t-il fidèle à ma fille ?

– Me fera-t-il de beaux petits-enfants ?

Et inutile de chercher un avocat, même votre femme (ou mari) se rangera systématiquement du côté de ses parents.

Comment y échapper ?

Il est aussi difficile de se débarrasser de sa belle-famille que de changer d'opérateur téléphonique. La méthode la plus efficace reste de quitter sa femme (ou son mari) quelques jours avant le repas.

Comment y survivre ?

En étant résigné à être accusé de tous les maux et à subir la pire des condamnations de l'arsenal législatif : vingt ans ferme de repas avec eux.

Blague

Une jeune fille présente son fiancé à ses parents. Après le dîner, son père invite le jeune homme à bavarder avec lui dans son bureau :

— Alors, quels sont vos projets ?
– Je suis étudiant en théologie.
– Parfait, mais qu'avez-vous l'intention de faire pour offrir à ma fille un foyer accueillant ?
– J'étudierai et Dieu y pourvoira.
– Et comment élèverez-vous vos enfants ?
– Dieu y pourvoira.

Un peu plus tard, la mère demande à son mari :

– Alors, comment cela s'est-il passé ?
– Il n'a ni travail ni argent, et je crois qu'il me prend pour Dieu !

Vous préférez ?

Faire une belote avec votre cousin débile **ou** vous faire arracher les dents sans anesthésie ?

Témoignage

« Ma femme est très économe. À son dernier repas d'anniversaire, elle a économisé six bougies sur le gâteau. »

Survivre à un repas dans une famille juive

Votre famille ou belle-famille est juive ? Aïe ! Je ne peux que vous plaindre, vous avez tiré le gros lot ! *Mazel tov !*

Prévoyez au minimum un repas de famille par semaine le soir de shabbat, sans compter les nombreuses, très nombreuses, trop nombreuses, fêtes juives (Rosh Hashana, Yom Kippour, Hanoukka, pour les autres fêtes juives, voir annexes de la page 2 à la page 235).

Si votre famille est ashkénaze, vous vous disputerez sur des détails sans importance en essayant d'avaler de la carpe farcie ; si elle est séfarade, vous prendrez 10 kg en avalant une seule pâtisserie au miel.

Comment l'éviter ?

Prétextez une sortie théâtrale (évitez tout de même un spectacle de Dieudonné).

Comment y survivre ?

Imaginez-vous dans un film de Woody Allen et ne mangez surtout pas de carpes farcies.

Idées sadiques pour gâcher un repas de famille

- Demandez à votre neveu, ado, d'aller à la table des enfants.
- Parlez des heures de votre travail à votre cousin chômeur.
- Demandez à votre mère si elle buvait beaucoup quand elle était enceinte de votre frère.
- Faites le coming out de votre oncle : Tonton est une tata ?

Dictionnaire

Végétarien adj. et n. Parasite culinaire, stressant énormément la maîtresse de maison lorsqu'elle doit préparer un repas pour toute la famille.

Citation

« C'est le sort des familles désunies de se rencontrer uniquement aux enterrements. »

Michel Audiard

Pléonasme

« Famille à problème. »

Le saviez-vous ?

Adam et Ève n'ont jamais eu à participer à une réunion familiale.

Réplique de film

– Je n'ai pas de cours de prénom à recevoir de quelqu'un qui appelle ses enfants Apollin et Myrtille.

Le Prénom (2012),
d'Alexandre de La Patelière

Dictionnaire

Fourchette n. f. Arme de catégorie D à bout piquant, permettant de trucider votre oncle s'il raconte une nouvelle fois la même anecdote qu'il raconte depuis vingt ans.

Le lèche-bottes

Lors d'un repas de famille, repérez le lèche-bottes de service.

Celui qui répète sans cesse à la maîtresse de maison le sempiternel : « As-tu besoin d'aide ? »

Celui qui commence à faire la vaisselle alors que le repas vient à peine de commencer.

Celui qui encense la décoration si originale de la table : « Des cocottes en papier toilettes rose ? Il fallait vraiment y penser, bravo ! »

Celui pour qui tout est bon : « Je t'assure, à la maison, je ne mange que du rôti brûlé, le charbon donne un excellent arrière-goût à la viande. »

Une fois que vous aurez repéré le lèche-bottes de service, renversez votre verre de vin rouge sur sa vilaine chemise blanche en vous excusant platement de votre maladresse et en lui proposant de la laver dans l'eau de vaisselle.

Vous préférez ?

Vivre éternellement, mais toujours en famille, **ou** mourir à 50 ans en compagnie de jeunes mannequins ?

Réplique de série

– Si ta mère emménage ici, ce sera dans une urne au-dessus de la cheminée.

Desperate Housewives

À méditer

Les membres d'une famille nombreuse sont des sauvages, c'est pour cela que l'on parle de tribu.

Dictionnaire

Digestif n.m. Alcool fort qui, malgré son nom, ne permet en rien de digérer quoi que ce soit.

Survivre à un repas dans une famille bourgeoise

Vouvoiement de rigueur, cravate et veste fortement recommandées pour vous messieurs, sage chemisier et barrettes dans les cheveux pour vous mesdames.

Les repas de famille dans la haute bourgeoisie sont aussi chaleureux qu'un hiver dans les Vosges. Dans ces familles bourgeoises généralement catholiques et de droite, le repas du dimanche midi est sacré. Le patriarche au bout de la table déjeune avec sa famille entre la messe du matin et la partie de golf de l'après-midi. Les minutes s'écoulent comme des heures et vous rêvez de fuir, respirer le grand air et profiter du soleil.

Comment y échapper ?

En prétextant une retraite spirituelle dans un couvent.

Comment y survivre ?

En vous amusant à soutenir le « mariage pour tous » à table.

Autopsions un beau-frère

Le beau-frère, cet être étrange, à mi-chemin entre l'homme et l'animal. Cet homme qui, contrairement à son nom, n'est ni beau, ni notre frère.

Qu'est-ce vraiment qu'un beau-frère?

Que trouvons-nous à l'intérieur?

Pour le découvrir, nous avons procédé à une autopsie du sujet et y avons découvert:

- 50 kilos de bêtises diverses (passion pour le foot, sympathie avec les idées du Front national, intérêt pour la télé-réalité...);
- 10 litres de bières ingurgités la veille, devant un match de la Ligue des champions;

- 1 litre de Ricard ;
- 5 kilos de cacahuètes ;
- Et beaucoup de vide.

P.S. : Inutile aux associations de protection des beaux-frères de nous écrire pour vous plaindre, la bête n'a pas souffert durant l'autopsie.

5 excuses pour oublier la fête des Mères

1. Qu'est-ce qui me prouve que tu es ma vraie mère ? Je n'ai aucun souvenir de ma naissance.
2. C'est une fête commerciale inventée par la mafia des fleuristes.
3. Les fleurs sont comme toi, maman, elles fanent trop vite.
4. J'ai confondu avec la fête aux mères, la soirée préférée des couguars.
5. Tu n'as pas gardé les dessins que je t'offrais, enfant.

Citation

« La famille est un ensemble de gens qui se défendent en bloc et s'attaquent en particulier. »

DIANE DE BEAUSAC

Dilemme

Si votre belle-mère et votre beau-père étaient tous les deux en feu et que vous n'ayez qu'un seul extincteur, où iriez-vous le cacher?

Les 5 choses à faire à table pour choquer votre famille

1. Raconter une blague bien cochonne à votre petite nièce de 6 ans.
2. Annoncer à l'assemblée que vous vivez une passion amoureuse avec un prêtre de 75 ans.
3. Dire à votre famille que vous quittez votre emploi d'avocat pour devenir travesti chez Michou.
4. Demander du sucre en poudre pour le verser dans votre verre de Mouton Rothschild 1956.
5. Vous goinfrer en chantant la chanson des Restos du cœur.

Blague

Lors d'un repas chez sa belle-famille, un homme dit à sa fiancée :

– Elle a beaucoup d'humour ta mère !

– Tu trouves ? demande la jeune fille, surprise.

– Bah oui, vu la blague qu'elle a mise au monde !

Survivre à une communion

La première communion du petit Kevin, quel évènement immanquable !
D'autant plus que cet ado boutonneux à la voix de chèvre et au visage disgracieux est aussi athée qu'un chanteur de rock satanique, et ne fait sa communion que pour avoir des cadeaux.
Mais vous vous devez, par obligation familiale, d'assister à cette longue ~~farce~~ cérémonie où l'adolescent en aube blanche prêtera serment devant Dieu en échange d'une PlayStation 4.
À la sortie de la messe, vous serez déjà dans un état christique, mais le plus dur à supporter sera sans doute le repas qui se terminera tard le soir avec une bonne crise de foie.

Comment y échapper?

En vous cachant dans le confessionnal pour pouvoir jouer à Candy Crush sur votre téléphone.

Comment y survivre?

En prenant de nombreuses photos de l'adolescent en robe blanche afin de les poster au plus vite sur Facebook, histoire que le jeune idiot ait bien honte devant ses amis.

Conseil de survie d'un ancien parachutiste

Pour passer inaperçu lors d'un repas de famille, optez pour un camouflage efficace : une chemise affreuse de la même couleur que le papier peint du salon de votre grand-mère.

Citation

« Non seulement Jésus-Christ était fils de Dieu, mais encore il était d'excellente famille du côté de sa mère. »

MONSEIGNEUR DE QUÉLEN

13 à table !

Depuis le dernier repas de Jésus avec ses douze apôtres, certaines âmes crédules pensent qu'être treize à table lors d'un repas de famille porte malheur.

C'est faux : ce sont les repas de famille qui portent malheur.

Alors si vous n'avez aucune envie d'être crucifié par des Romains revanchards, évitez autant que possible les repas de famille, que vous soyez six, neuf, treize ou plus.

Blague

Un homme dit à un autre :
– J'ai fait couper la queue de mon chien la semaine dernière parce que ma belle-mère vient dîner samedi.
– Ah oui ? Je ne vois pas le rapport !
– Eh bien, je ne veux surtout pas qu'elle pense que quelqu'un est content de la voir.

À méditer

Le Père Noël, lui, a une bonne excuse pour ne pas réveillonner avec sa famille !

Citation

« Où peut-on être mieux qu'au sein d'une famille ? Partout ailleurs ! »

HERVÉ BAZIN

Que répondre ?

Que répondre à votre mère qui insiste pour que vous repreniez une troisième portion de son plat ?

- Je ne veux pas être aussi gros que le reste de la famille.
- Je te jure que quand c'est bon, j'ai bon appétit.
- Nous sommes en novembre, bientôt l'été, je fais attention à ma ligne.
- J'ai l'impression d'être une oie que l'on gave pour faire du foie gras.
- Quand je mange de la dinde, je pense à mon ex.

Comment ne pas assassiner votre insupportable petit cousin ?

Sa mère le trouve hyperactif, très intelligent, et en est très fière. Vous, vous le trouvez juste insupportable, bête, méchant et laid.

À 5 ans, il passe la soirée à hurler, faire des caprices, courir entre les tables, tout renverser, et faire des dessins sur les murs de votre salon sous le regard niais de ses parents qui ne veulent en aucun cas brider ses élans créatifs.

Notre conseil : faites-lui boire un puissant laxatif. Ainsi, le petit chieur passera la soirée dans les toilettes et vous aurez enfin la paix.

Réplique de série

– Dîner chez tes parents un samedi soir !… Et dimanche tu fais quoi ? Tu t'ouvres les veines ?

Clara Scheller

Dictionnaire

Cousine n. f. Sert à jouer à touche-pipi durant les repas de famille (si vous avez le même âge qu'elle, sinon voir la définition de « Pédophile »).

5 jeux pour passer le temps lors des réunions familiales

1. Compter le nombre de longs poils sortant du nez de votre grand-père.
2. Parier sur qui dira le premier juron.
3. Compter les boutons d'acné sur le visage de votre neveu.
4. Associer une chanson à chaque membre de votre famille.
5. Essayer de placer des mots débiles dans une conversation (« ornithorynque », « vulve », « LSD »).

Survivre à des familles à la Roméo et Juliette

Vos familles ne s'entendent pas. Vous vivez, tels Roméo et Juliette, partagés entre la famille Capulet et la famille Montaigu.

Que faire ?

Inutile de vous suicider comme les jeunes amants de Vérone, ni d'appeler l'ONU à la rescousse. Amusez-vous ! Organisez des repas de famille dans des arènes et assistez tranquillement au pugilat entre les deux clans.

Vous aurez fait d'une pierre deux coups, vous vous serez débarrassé de votre famille et de votre belle-famille !

Blague

Après un repas de famille, la femme s'inquiète de savoir si son mari apprécie sa famille :
– Voyons, chérie, ne dis pas que j'aime mieux ma famille que la tienne. Ce n'est pas vrai, la preuve, j'aime bien mieux ta belle-mère que la mienne !

Réplique de film

– C'est dégueulasse !
– Pensez à ceux qui n'ont rien à manger…
– La chance !

La vie est un long fleuve tranquille
(1988), d'Étienne Chatiliez

Citation

« La famille est un lest, jette-le et tu pars au ciel. »

José de Almada Negreiros

Devinette

Quel est le poids idéal d'une belle-mère ?

Réponse : 2,5 kg avec l'urne.

Survivre à un mariage

Il y a deux types de courrier que l'on redoute de recevoir : les factures et les faire-part de mariage.

Le mariage, la plus longue, onéreuse et pénible des réunions de famille.

150 personnes réunies durant 24 longues heures, à la mairie, à l'église, au vin d'honneur, au repas du soir et le lendemain pour manger les restes.

C'est un véritable marathon d'alcool et de sociabilité forcée. Aussi pénible qu'un procès ou un accident de la route, c'est pour cela que dans toutes ces occasions on fait appel à des témoins !

Comment y échapper ?

Très difficile d'échapper à un mariage, vous devez avoir une excuse en béton. Notre conseil : se casser une jambe deux jours avant l'évènement. Vous souffrirez énormément, mais moins que pendant le discours du témoin.

Comment y survivre ?

En vous amusant, par exemple, à lancer violemment du riz au visage des mariés. Vous verrez, cela fait un bien fou !

Les 5 phrases pour se fâcher avec son grand-père

1. Papy, tu as le tonus d'une huître malade.
2. Avec ton haleine, tu es sûr de ne jamais avaler de moustiques.
3. Tu te souviens comment c'était le sexe ?
4. Tu préfères être enterré ou incinéré ? J'ai besoin que tu te décides assez vite.
5. Tu sais papy, pendant la guerre, tous les Français n'étaient pas obligés de collaborer !

À méditer

La famille est une prison, sinon pourquoi parlerait-on de cellule familiale ?

Vous préférez ?

Parler politique avec votre oncle raciste **ou** parler économie avec votre nièce gauchiste ?

Conseil de survie d'un ancien parachutiste

Lors d'un repas de famille, il est primordial, de porter des tennis et une tenue de sport pour pouvoir fuir le plus rapidement possible lorsque votre oncle dira :
– Ça vous dit qu'on chante des chansons paillardes ?

Pratique

Liste de phrases toutes faites et parfaitement insignifiantes pour meubler une conversation moribonde :

- Fait pas très chaud le matin !
- Y a pas à dire, il dure Michel Drucker.
- J'espère qu'on aura un bel été.
- Il paraît que c'est sympa l'Italie.
- Ça marche bien le PSG en ce moment.
- Pensez-vous comme Sartre que l'existence précède l'essence ? (À n'utiliser que si votre interlocuteur a fait des études supérieures.)

Survivre à un repas dans une famille recomposée. La double peine !

Il n'y a rien de pire que d'avoir des parents divorcés. Pas pour l'animosité, la haine et les conflits que génère ce genre de situation, mais pour la multiplication des repas de famille.

Deux Noël, deux anniversaires, deux Saint-Sylvestre… le tout, à partager avec des quasi-inconnus (car c'est bien connu, deux demi-frères n'ont jamais fait un frère).

Comment y échapper ?

En faisant croire à la famille A que vous passez la soirée avec la famille B, et à la famille B que vous passez la soirée avec la famille A.

Comment y survivre ?

En espérant que le couple divorcera à nouveau dans les plus brefs délais.

Blague

Une famille a une véritable passion pour les histoires drôles. Et comme depuis des années ce sont toujours les mêmes, ses membres ont décidé, pour gagner du temps, de les numéroter. Ainsi, quand l'un d'entre eux en raconte une, il ne dit plus que le numéro et chacun se souvient de l'histoire.

Pour le repas de communion du dernier, toute la famille est réunie. Au dessert, le cousin dit :

– 71…
Et toute la table hurle de rire.
– 48… fait le tonton.
Les rires redoublent.
– 14…
C'est du délire.

Alors le communiant, qui ne comprend pas très bien de quoi il s'agit, mais qui veut faire comme tout le monde, se lève en criant :

– 52 !

Et son père lui retourne une paire de gifles en lui disant :

– Je t'apprendrai à raconter des cochonneries le jour de ta communion !

Que répondre ?

Votre frère vous invite au renouvellement de ses vœux. Que lui répondre ?

- Tu nous as déjà emmerdés avec ton mariage, tu ne vas pas remettre ça !
- Quitte à se remarier, autant changer de femme.
- J'espère que tu ne veux pas d'un renouvellement de cadeaux.
- On se demande qui porte la culotte chez toi !
- Je vais devoir renouveler une excuse à la con pour ne pas venir.

Les 5 excuses valables pour quitter précipitamment un dîner de famille

1. Je perds les eaux (valable uniquement si vous êtes enceinte).
2. J'ai un travail urgent à terminer (ne fonctionne pas si vous êtes au chômage ou fonctionnaire).
3. J'ai rendez-vous avec Angela Merkel (uniquement si vous êtes François Hollande).
4. J'ai un rendez-vous urgent chez l'esthéticienne (uniquement si vous avez les sourcils de Leonarda).
5. J'ai un guide de survie aux réunions familiales à terminer (uniquement si vous êtes l'auteur de ce livre).

Blague

Shimon et sa femme habitent Tel-Aviv depuis de nombreuses années. Au mois de novembre, il téléphone à son fils, Samuel, qui habite à Paris et lui dit :

– Mon fils, je regrette de gâcher ta journée mais je dois t'informer que ta mère et moi sommes en train de divorcer. Ça fait quarante ans que l'on vit ensemble, c'est bon, y en a marre. On arrête !

– Mais papa, comment peux-tu dire ça ? Et juste avant les fêtes en plus ! lui crie son fils.

– Nous ne pouvons plus nous voir, ajoute le père, nous sommes fatigués l'un de l'autre et j'en ai ras le bol de toute cette histoire. Donc, tu me

rendras service si tu appelles ta sœur, Jessica, à New York.
Et il raccroche brutalement. Désespéré, le fils appelle sa sœur, qui est complètement outrée.
– Divorcer ? À leur âge ? Je me charge de l'affaire.
La fille téléphone directement à son père et lui dit :
– Vous n'allez pas divorcer ?! Ne faites rien jusqu'à ce que nous arrivions, mon frère et moi, chez vous. Tu m'as bien entendue ? RIEN... tu nous attends !
Le père raccroche, se tourne vers sa femme et lui dit :
– C'est bon, les enfants viennent pour les fêtes et nous n'avons même pas à leur payer leur billet !

Repas de famille idéal

Manger seul, du riz Uncle Bens®, et un yaourt Mamie Nova® à la confiture Bonne-Maman®.

À méditer

Pourquoi, un lendemain de soirée, y a-t-il toujours un déjeuner de famille ?

Blague

Une belle-mère vient rendre visite à sa fille qui vit avec son époux. Ce dernier l'accueille à la porte :

– Bonjour belle-maman ! Cela faisait longtemps que l'on ne vous avait pas vue. Alors, combien de temps allez-vous rester parmi nous, cette fois-ci ?

La belle-mère, voulant plaisanter, lui répond :

– Oh, eh bien, jusqu'à ce que vous soyez fatigué de me voir.

– Vraiment ? lui demande son gendre. Vous êtes sûre que vous ne voulez pas entrer et prendre un petit café avant de repartir ?

Réplique de film

– Depuis qu'il n'est pas venu à l'enterrement de l'arrière-grand-oncle d'un neveu du côté de la sœur de mon mari, pour moi, il ne fait plus partie de la famille.

L'Enquête corse (2004),
d'Alain Berbérian

Les 5 phrases pour se fâcher avec sa sœur

1. Jouons au jeu du « ferme ta gueule », commençons par toi.
2. Tu n'es pas grosse mais tu es quand même facile à voir.
3. Tu es aussi utile que des dialogues dans un film porno.
4. Tu as reçu tes résultats de QI. Tu dois être contente, c'est la première fois que tu as un 15 à un examen.
5. Si un homme te propose un anneau un jour, ça sera un anneau gastrique.

Allô docteur

Symptômes résultant d'un repas de famille trop long :

- ventre gonflé, prêt à exploser, par suite de l'absorption d'une trop grande quantité de nourriture ;
- forte fièvre causée par les insanités débitées par votre beau-frère ;
- paralysie faciale à force de faire des sourires forcés ;
- trouble de la vision à cause du mauvais vin rouge ;
- coma résultant de la conversation soporifique avec votre grand-mère.

Citation

« Le premier de l'an : jour navrant quand on n'a pas de famille, odieux lorsqu'on en a. »

ALFRED CAPUS

Dictionnaire

Serviette n. f. Pièce de linge individuelle servant à s'essuyer la bouche ou à se pendre en cas de repas de famille trop ennuyeux (évitez de préférence les serviettes en papier).

Dictionnaire

Champagne n. m. Boisson alcoolisée permettant de rendre supportable n'importe quelle réunion de famille (pour les familles modestes voir : « Mousseux »).

Blague

Deux maris discutent :
– Ma belle-mère est un ange, vraiment !
– Tu as de la chance, la mienne est encore en vie.

5 thèmes à aborder pour envenimer un repas de famille

1. La Palestine.
2. Le mariage pour tous.
3. Le gouvernement.
4. Le racisme.
5. La cuisine de votre mère.

Blague

Un fils appelle sa mère :
– Allô, maman ? C'est Serge, ça va ?
– Ah, mon fils, je suis en train de tomber d'inanition !
– Comment ça ? Tu ne manges pas ?
– Ça fait 28 jours, 5 heures et 23 minutes que je n'ai pas mangé !
– Mais pourquoi tu ne manges plus, maman ?
– J'ai peur d'avoir la bouche pleine au moment où tu m'appelles !

Citation

« Ma famille et moi, on est comme l'eau et le feu. Dans l'hypothèse où le feu serait capable de flanquer une déprime monumentale à l'eau et de lui donner envie de mettre fin à ses jours. »

Shalom Auslander

Les 5 phrases pour se fâcher avec sa grand-mère

1. Ta bouche me fait penser à une mosquée parce que même tes dents se déchaussent.
2. Tu es tellement vieille que tu as assisté au Big Bang.
3. Ne dépense pas trop ! Pense à mon futur héritage.
4. Dire que quand Michel Drucker était jeune, tu étais déjà vieille !
5. Joyeux anniversaire… car c'est probablement le dernier.

Citation

« Aux dernières étrennes, j'ai offert une chaise à ma belle-mère. Aux prochaines, je la ferai électrifier. »

PIERRE DORIS

Conseil utile

Pour éviter d'avoir des enfants, faites l'amour avec votre belle-sœur/ beau-frère.

Vous n'aurez que des neveux ou nièces.

Message de prévention

La famille est une maladie sexuellement transmissible. Alors protégez-vous !

Dicton

Le mariage, c'est pas la mer à boire, c'est la belle-mère à avaler !

Réplique de film

– C'que je veux dire, c'est que la famille c'est inévitable, c'est comme les impôts ou la mort.

Treize à la douzaine (2003),
de Shawn Levy

Faut-il agrandir la famille ?

Pourquoi vouloir à tout prix avoir des enfants ?

Il y a des avantages certains à avoir des enfants. En premier lieu, la conception n'est pas désagréable. Mais les enfants vous permettent surtout de renforcer votre poids au sein de la famille.

Les repas de famille ressemblent beaucoup au Moyen Âge, où des guerres fratricides faisaient s'affronter dans des combats sanglants des clans pour la conquête du pouvoir.

Dans un repas de famille, c'est également le cas ; alors si vous ne voulez pas être isolé, fondez (une armée) une famille, nombreuse de préférence, pour diriger vous-même votre clan et vaincre celui de l'ennemi, votre frère.

Citation

« Vie de famille ou de bureau, on se hait, mais on ne se quitte pas. »

MONIQUE BOSCO

À méditer

Derrière chaque homme qui a réussi, on trouve une femme dévouée et une belle-mère incrédule.

Expressions débiles entendues lors de repas de famille

- C'est toujours ça que les Boches n'auront pas !
- Moi, à Noël, je n'avais qu'une orange.
- Pas plus haut que le verre.
- Mange un peu, tu n'as que la peau sur les os.
- On se regarde dans les yeux quand on trinque.
- Je t'assure que le vin n'est pas un alcool, mais un aliment.

Pratique

Matériel nécessaire pour survivre à un déjeuner de famille :

- De l'aspirine, pour supporter les blagues de votre oncle ;
- Des boules Quies, pour ne pas entendre les critiques de votre mère sur votre choix de carrière ;
- Un téléphone portable, pour jouer en dessous de la table sans se faire remarquer ;
- Un éthylotest, pour être sûr de ne pas avoir trop bu et pour pouvoir reprendre la route au plus vite ;
- Une pilule d'arsenic à avaler en cas de nécessité absolue.

Conseil de survie d'un ancien parachutiste

Comme tout animal sauvage, la belle-mère doit être approchée avec beaucoup de précaution. Pensez à vous munir de gants épais et à l'endormir avec un puissant somnifère avant de vous tenir à ses côtés.

Blague

Un homme demande à un ami :
– Tu es toujours fâché avec ta famille ?
– Oui, je ne leur parle plus.
– C'est triste.
– Pas autant que lorsque je leur parlais.

Dictionnaire

« En petit comité » Se dit d'un repas en groupe restreint.

Exemple : *Viens manger à la maison, ce sera en petit comité, nous et tes 49 cousins et cousines.*

Les 5 phrases pour se fâcher avec sa mère

1. Il y a deux choses que je n'aime pas chez toi : ton menton.
2. Je ne dis pas que tu as grossi, je dis juste que sur une échelle de 1 à 10, tu as cassé le premier barreau.
3. Papa avait dû beaucoup boire le soir où il t'a draguée.
4. Mère au foyer n'est pas un vrai métier, tu sais.
5. La seule chose de bien que tu aies faite dans ta vie, c'est de me faire naître.

Brève histoire des réunions de famille

Très longtemps avant J.-C.: Adam et Ève n'avaient pas de famille, c'est pourquoi ils vécurent heureux au paradis terrestre.

65 millions avant J.-C.: disparition des dinosaures après un repas de famille qui se termina en pugilat.

1431 : Jeanne d'Arc préféra aller au bûcher plutôt qu'à un barbecue en famille.

1793 : Louis XVI perdit la tête quand Marie-Antoinette lui annonça qu'elle voulait organiser un dîner avec ses cousins.

1912 : apprenant qu'il devait aller au mariage de son frère, le commandant du *Titanic* dirigea son bateau droit sur un iceberg.

2013 : la loi sur le mariage pour tous est adoptée pour que les couples homos aient enfin les mêmes contraintes que les hétéros.

Citation

« Le mensonge et le silence arrangent bien des drames de famille. »

Tristan Bernard

Dictionnaire

Syrie n. f. Pays du Moyen-Orient. Le territoire le plus hostile au monde, juste après un repas familial arrosé.

Notre conseil : mettez de la distance

La famille c'est comme une étoile, il faut l'admirer mais de loin.
La distance idéale entre votre famille et vous doit être d'environ 100 kilomètres. Cette distance vous évitera toute visite surprise et vous donnera une bonne excuse pour ne pas venir à tous les repas de famille.

Survivre à un repas dans une famille d'ex-soixante-huitards

Car oui, les ex-soixante-huitards sont déjà pères, grands-pères et même arrière-grands-pères pour les plus précoces !

Comment survivre à un repas dans une famille qui proscrit le Ricard et encourage le pétard ?

Deux cas de figures : vous avez fait des études littéraires et êtes de gauche, dans ce cas aucun problème pour vous ; par contre, si vous êtes illettré et de droite (ce qui arrive souvent, notamment à l'UMP), apprêtez-vous à faire énormément de concessions pour que les repas de famille se déroulent au mieux.

Comment y échapper ?

Inventez une manifestation de sans-papiers kurdes à laquelle vous devez absolument vous rendre.

Comment y survivre ?

En dégustant un pavé de bœuf et en criant « CRS SS ! ».

Préparez-vous !

Que faire avant un repas de famille :

- Ne rien ingurgiter 24 heures avant le dîner, c'est le seul moyen de pouvoir manger sans dégoût la nouvelle recette de la poule-au-pot de votre mère ;
- Un footing de 20 kilomètres pour ne pas prendre 10 kg en une soirée ;
- Doubler sa dose d'antidépresseurs de façon préventive ;
- Faire le plein de la voiture pour ne pas tomber en panne sèche lors du retour ;
- Lire un livre du dalaï-lama pour rester zen en toute circonstance.

Réplique de film

– Ça pourrait t'arriver de fonder une famille !?
– J'aimerais mieux manger une couche sale de Bernay.

Pour un garçon (2002),
de Chris et Paul Weitz

Les 5 phrases pour se fâcher avec son père

1. Pour que je sois aussi intelligent, je n'ai pas dû hériter de beaucoup de tes gènes.
2. On a tous quelque chose de positif en nous. Toi, c'est ton taux d'alcool.
3. Maman t'a beaucoup trompé ?
4. Tu es un modèle pour moi. Non, je déconne.
5. Tu me prêtes de l'argent ?

Vérité historique...

La Vierge Marie a fait exprès d'accoucher à Noël... Juste pour foutre le repas de famille en l'air.

Citation

« Une famille qui crie est une famille unie. »

GÉRALD GODIN

Réplique de film

– Greg est aussi dans la médecine !
– Oh, vraiment ? Quelle spécialité ?
– Infirmier.
– Ah ah, elle est bonne. Sans blague, quelle spécialité ?
– Infirmier.

Mon beau-père et moi (2000),
de Jay Roach

Conseil de survie d'un ancien parachutiste

Même en camping il est fortement déconseillé de monter sa tante ; votre oncle pourrait, à raison, s'en offusquer.

Dictionnaire

Noël : n. m. Fête commerciale occidentale dont la promotion commence dès le mois d'octobre, et qui consiste en un repas vite avalé et en une dispute familiale inévitable.

Le saviez-vous ?

À part Christine Boutin, personne ne trouve l'amour lors d'un repas de famille.

Témoignage

« J'ai déjà fait des repas de famille plus long qu'un match entre Nadal et Djokovic. »

Idées sadiques pour gâcher un repas de famille

- Cacher du saucisson dans le plat de votre beau-frère musulman.
- Servir à boire à votre cousin ancien alcoolique.
- Mettre votre grand-oncle ancien combattant d'Algérie et votre beau-fils algérien côte à côte et lancer une conversation sur les bienfaits de la colonisation.

Les 5 phrases pour se fâcher avec son frère

1. Maman aurait dû t'avaler.
2. Si le savoir est une arme, tu dois être pacifiste.
3. Je ne dis pas que tu ne sers à rien, je dis juste que tu es aussi utile qu'un billet de 5 euros devant un distributeur de boisson.
4. Si jamais j'ai besoin d'une transplantation de cerveau, je choisirai le tien pour être sûr d'avoir un cerveau qui n'a jamais servi.
5. Tu savais que tu étais un accident pour les parents ?

Devinette

Quelqu'un qui tue ses parents est un parricide. Lorsqu'il s'agit du frère ou de la sœur, c'est un fratricide.
Mais comment appelle-t-on celui qui tue son beau-frère ?

Réponse : Un insecticide, car il tue l'époux (les poux) de sa sœur.

5 excuses pour ne pas vous rendre à un baptême

1. Le gamin est tellement petit qu'il ne se rendra même pas compte de mon absence.
2. Je ne veux pas être le parrain et finir comme Al Capone.
3. L'hostie, ça fait grossir.
4. Ça me rappelle de mauvais souvenirs : lorsque j'étais enfant de chœur, le curé n'avait pas voulu me toucher !
5. Inutile de venir à cinquante pour voir un gamin se faire shampouiner à l'eau bénite.

Dictionnaire

Télévision n. f. Mise en sourdine le soir du 31 décembre, elle ne sert qu'à donner l'heure pour les douze coups de minuit sur fond de paillettes, de strings et d'animateur décérébré.

Réplique de film

– On appelle famille, un groupe d'individus unis par le sang et brouillés par des questions d'argent.

Les Trois Frères (1995),
des Inconnus

Citation

« Après un bon dîner, on n'en veut plus à personne, même pas à sa propre famille. »

Oscar Wilde

Fait historique

Brutus a tué son père César pour éviter de devoir déjeuner avec lui.

Citation

« Ah chouette, un repas de famille ! »

PERSONNE. JAMAIS.

Réplique de série

– Oh, chérie, maman t'aime. Le jour de ta naissance, j'ai su que je te désirais…
– Par contre, le lendemain…

ABSOLUTELY FABULOUS

Les pires hontes lors d'un repas de famille

- Votre mère avouant à votre nouvelle petite amie que vous avez pissé au lit jusqu'à 13 ans.
- Votre frère qui vous emprunte votre téléphone portable et lit tous vos sextos à table.
- Faire du pied à la grand-mère en pensant le faire à votre femme.
- Entendre sa petite sœur demander d'un air intrigué : « C'est quoi, la sodomie ? C'est parce que j't'ai entendu dire à ton copain que t'aimerais bien essayer. »
- Dîner pour la première fois chez sa belle-famille et découvrir qu'elle est naturiste.

Survivre à un enterrement

Sachez, avant toute chose, qu'on ne peut survivre qu'à l'enterrement d'une tierce personne, rarement au sien (à part Jésus).

Les enterrements, la pire des réunions de famille ! Se retrouver en plein mois de novembre, sous une pluie fine et glacée, devant le cercueil d'un cousin dont nous avions totalement oublié l'existence.

Obligé, tel un mauvais acteur (par exemple, Francis Huster), de faire semblant d'être peiné de sa disparition, présenter ses condoléances à la femme du cousin dont, elle aussi, nous avions totalement oublié l'existence.

Comment y échapper?

Se déguiser en zombie et faire semblant de sortir de la tombe en dansant du Michael Jackson.

Comment y survivre?

En se disant que si pénible soit cette réunion, il vaut mieux être à votre place que dans le tombeau.

Autopsions un père

Le père, cet homme que vous connaissez depuis toujours et dont vous ne pouvez vous empêcher de penser :

« C'est à ça que je ressemblerai dans 30 ans ! »

Que se cache-t-il derrière ses cheveux gris et ses yeux désabusés ?

Qu'est-ce vraiment qu'un père ?

Que trouvons-nous à l'intérieur ?

Pour le découvrir, nous avons procédé à une autopsie du sujet et y avons découvert :

- 50 % de désillusions ;
- 30 % de fatigue ;
- 10 % de jalousie en admirant votre nouvelle petite amie ;
- 10 % d'ennui, en regardant « Des chiffres et des lettres ».

P.S. : Inutile aux associations de protection des pères de nous écrire pour vous plaindre, la bête n'a pas souffert durant l'autopsie.

Points communs entre une réunion de famille et une réunion au bureau

- Tout le monde parle et personne n'écoute.
- Les gens regardent leur montre en attendant la fin.
- Tout le monde se déteste mais se fait des grands sourires.
- À peine celle-ci terminée, on vous annonce qu'une nouvelle réunion aura lieu.

Citation

« Existe-t-il dans la nature quelque chose de réellement "parfait", à l'exception de la stupidité de mon oncle ? »

WOODY ALLEN

Citation

« Noël est une conspiration pour bien faire sentir aux célibataires qu'ils sont seuls. »

Armistead Maupin

Dictionnaire

Confession intime Émission de télévision permettant d'observer des familles encore plus débiles que la vôtre et de se rassurer.

Les 5 phrases pour se fâcher avec son beau-père

1. Votre fille est très, très bonne au lit.
2. Des fois, quand je suis seul, je me touche en pensant à votre femme.
3. Vous devez être fier que quelqu'un comme moi entre dans une famille de plouques comme la vôtre.
4. Ce que je préfère chez vous, c'est votre absence.
5. Vous aussi vous faites collection de vidéos pornos zoophiles ?

À méditer

« Tenir en bride sa propre famille n'est pas moins difficile que de gouverner une province. »

TACITE

Citation

« Les morts ont de la chance : ils ne voient leur famille qu'une fois par an, à la Toussaint. »

PIERRE DORIS

Conseil de bûcherons

Abattez votre arbre généalogique.

Vous préférez ?

Héberger chez vous 101 dalmatiens pendant une semaine **ou** votre belle-mère pendant dix ans ?

Blague

Deux frères se rendent à la bar-mitsva de leur petit neveu.

– Au fait, demande le premier, qu'est-ce que tu comptes offrir au gamin ?

– Un livre. Et toi ?

– Moi, un parapluie.

– Pourquoi un parapluie ?

– Parce que, contrairement au livre, le parapluie, il y a une chance qu'il l'ouvre un jour.

Que répondre ?

Votre mère vous invite à son anniversaire. Que lui répondre ?

- À partir de 70 ans, on ne fête plus son anniversaire.
- On a déjà fêté tes 60 ans il y a dix ans !
- Pourquoi vouloir à tout prix célébrer ta lente déchéance ?
- Ça va coûter une fortune en bougies !
- Fêtons ça dans dix ans si tu es toujours en vie.

Les 5 choses à ne pas dire à la maternité après une naissance

1. Je vous ai apporté une boîte de préservatifs, car visiblement vous étiez à cours.
2. Il ressemble quand même beaucoup au facteur.
3. Et une part de moins pour l'héritage !
4. J'ai apporté une crème anti-vergetures pour la mère.
5. Qu'est-ce qu'il est moche ! Au moins on sait que c'est toi le père !

Liste de réunions plus inutiles qu'un repas de famille

- Le Conseil des ministres.
- Le Conseil de sécurité de l'ONU.
- Le concert des Enfoirés.
- Les réunions de copropriétaires.

Blague

Un père achète un robot détecteur de mensonge qui gifle les gens quand ils mentent. Il décide de tester son achat au dîner. Il demande à son fils ado :
– Fils, où étais-tu aujourd'hui ?
Le fils répond qu'il était à l'école.
Le robot gifle.
– OK, j'ai regardé un DVD chez un pote…
– Quel DVD ? demande son père.
– Un documentaire historique.
Le robot gifle de nouveau le fils.
– OK, j'avoue, c'était un film porno !
– Quoi ! s'insurge le père, moi à ton âge je ne savais même pas ce que c'était un porno.
Le robot gifle le père. La mère se met à rire et dit :
– Ah ! Ah ! C'est bien ton fils !
Et le robot gifle la mère.

Pratique

Liste de phrases toutes faites et parfaitement insignifiantes pour meubler une conversation moribonde le soir de la Saint-Sylvestre :

- Tu pars au ski cette année ?
- On n'a pas eu beaucoup de neige cette année.
- Il fait froid, mais on est au-dessus des moyennes de la saison.
- Cette année est passée à une vitesse !
- C'est quoi tes bonnes résolutions ?

Les 5 phrases pour se fâcher avec sa belle-mère

1. Vous a-t-on déjà dit que vous cuisiniez divinement ? Non ? Ça ne m'étonne pas.
2. Je vais vous dire un secret : je trompe votre fille.
3. Pour moi, vous êtes comme 2 centimètres de neige en hiver. Vous ne représentez pas grand-chose mais vous foutez un bordel sans nom.
4. Je peux vous appeler vieille maman ?
5. Pourvu que ma femme ne vieillisse pas aussi vite que vous !

Blague

Une petite fille assistant à son premier mariage demande à sa maman :

– Maman, pourquoi est-ce que la mariée a changé d'avis au cours de la cérémonie ?

– Pourquoi est-ce que tu dis qu'elle a changé d'avis ?

– Elle est arrivée dans l'allée avec un monsieur et est repartie dans l'autre sens avec un autre.

Survivre au repas de Noël

Souvenez-vous, lorsque vous étiez petit, le réveillon de Noël était le soir le plus attendu de l'année. Le sapin, le Père Noël, les cadeaux. Vous en rêviez dès le mois de septembre.

À partir de quel âge ce soir merveilleux a-t-il commencé à devenir pénible ?

Ce qui est sûr, c'est qu'à l'âge adulte il y a autant de magie dans Noël que dans un bol de soupe lyophilisée. Le 24 décembre devient une longue soirée obligatoire, alcoolisée et onéreuse.

Comment y échapper ?

En trouvant un rabbin complaisant qui vous convertira au judaïsme. Monsieur, une douloureuse circoncision vous évitera de célébrer Noël (mais attention, vous serez obligé de fêter les 365 fêtes juives du calendrier).

Comment y survivre ?

En retombant en enfance le temps d'une soirée et en jouant aux Playmobil® avec votre jeune neveu.

Citation

« La famille des autres, c'est presque toujours amusant. Le problème, c'est la vôtre. »

JUDITH MESSIER

Réplique de film

– On comprend pourquoi les Bédouins mangent sans leur femme.

Le Prénom (2012),
d'ALEXANDRE DE LA PATELIÈRE

Blague

Une famille est en train de déjeuner. La petite fille de 10 ans ne mange pas beaucoup et elle garde le nez dans son assiette... Au bout d'un moment, elle dit :
– J'ai quelque chose à vous annoncer.
Le silence se fait et tous écoutent.
– Je ne suis plus vierge, et elle se met à pleurer.
De nouveau un long silence... Et puis... Le père s'adresse à sa femme :
– C'est de ta faute, toujours habillée et maquillée comme une pute, tu crois que tu es un exemple pour ta fille ? Toujours à te vautrer sur le canapé, la chatte à l'air... C'est lamentable, c'est comme ça que les problèmes arrivent !

À son tour, la femme s'adresse à son mari :
– Et toi, tu crois que tu es un exemple ? À gaspiller ta paie avec des pétasses qui viennent parfois te raccompagner jusque devant la maison, tu crois que tu es un exemple pour ta fille de 10 ans ?
Et le père de continuer :
– Et sa grande sœur, cette bonne à rien, avec son copain chevelu et drogué, toujours en train de se tripoter et de baiser dans tous les recoins de la maison, tu crois que c'est un exemple ?
Et ça continue comme ça…
La grand-mère prend sa petite-fille par les épaules pour la consoler et lui demande :
– Alors ma petite-fille, comment cela est-il arrivé ?

Et la petite de répondre en étouffant ses sanglots :
– C'est le curé…
La grand-mère :
– Comment ça le curé ?
– Le curé a choisi une autre fille pour faire la Vierge dans la crèche de Noël.

Ce que pensent les femmes après un repas de famille

« Les calories sont des petits monstres qui s'introduisent la nuit dans votre garde-robe et qui rétrécissent vos vêtements. »

Dictionnaire

Mélenchonner v. t. Pousser des coups de gueule.

Exemple : *Hier, l'oncle Albert a mélenchonné pendant tout le repas de famille.*

Survivre à un anniversaire

Quel est l'intérêt, passé 30 ans, de vouloir continuer à fêter son anniversaire ?

À quoi bon vouloir célébrer, en famille, la décrépitude et le compte à rebours vous rapprochant inexorablement chaque jour de votre mort ?

Certains adultes s'obstinent à vous réunir chaque année à date fixe pour les regarder souffler, cracher et postillonner sur un gâteau que vous serez, comble du dégoût et de manque d'hygiène, obligé de manger en chantant « Joyeux anniversaire [*mettre le nom du parasite*] » !

Comment y échapper ?

En se trompant de date.

Comment y survivre ?

En espérant que les bougies enflamment ses cheveux et l'obligent ainsi à raccourcir la fête.

Témoignage

« À la mort de ma belle-mère, je me suis occupé de tous les arrangements funéraires. Le croque-mort m'a demandé s'il fallait l'embaumer, l'incinérer ou l'enterrer. Je lui ai répondu :

– Mieux vaut ne prendre aucun risque, faites-lui les trois ! On ne sait jamais. »

Citation

« Je suis pour le mariage homosexuel. Je ne vois pas pourquoi on devrait épargner quelqu'un parce qu'il est homo. »

MICHEL GALABRU

Survivre aux soirées jeux de société

Vous vous sentez soulagé, le repas arrive à son terme. Vous pensez avoir subi le plus dur lorsque, au moment du café, une voix retentit et propose :

– On ne va pas se quitter comme ça… et si nous faisions un jeu de société ?

Notre conseil : fuyez, prétextez une maladie ou un rendez-vous urgent, mais ne tombez pas dans ce traquenard.

Vous n'aurez pas la patience de supporter votre neveu mauvais joueur, votre cousin ayant la culture générale de Franck Ribéry, persuadé d'être un génie au Trivial Pursuit, votre grand-mère Alzheimer ne se souvenant même plus des règles des petits chevaux.

Après un repas alcoolisé, les jeux de société se terminent souvent en Cluedo. Mais qui a tué le cousin Albert avec un parapluie dans le salon ?

Blague

Réfugié sur une île déserte avec une sublime passagère, un homme commence par envoyer quelques messages dans des bouteilles qu'il jette à la mer. Puis il bondit sur sa compagne et dit, en lui arrachant ses vêtements :
– Ça suffira pour les invitations au mariage, maintenant passons à la nuit de noces !

Idées de cadeaux de mariage originales

- Une nuit d'amour avec Rocco Siffredi (pour monsieur ou madame).
- Des antidépresseurs, très utiles après trois ans de mariage.
- Une petite cuillère, pour leur faire comprendre à quel point leur liste de mariage est extravagante.
- Un voyage de noces en Syrie.

Survivre après les fêtes de fin d'année

Vous croyiez en avoir fini avec les fêtes de fin d'année, Noël et la Saint-Sylvestre. Eh bien non !

Quand y'en a plus, y'en a encore ! Vous recevez dès le 2 janvier un appel de votre mère pour vous inviter à manger une galette des Rois en famille pour l'Épiphanie.

Tout ça à cause des Rois mages qui, s'ils avaient utilisé un GPS il y a plus de 2000 ans, seraient arrivés au moment de la naissance de Jésus et auraient permis d'éviter une nouvelle réunion de famille en janvier !

Qui aime tirer les Rois ? À part Stéphane Bern, personne !

Le pire étant ce moment gênant où le plus jeune de la famille, vous, malgré vos 31 ans, doit passer sous la table comme un vulgaire enfant de chœur pour distribuer les parts de galette. En espérant ne pas avoir la fève et devoir choisir Tata Christiane comme reine.

Comment y échapper ?

Profitez d'être sous la table pour ramper jusqu'au garage et partir en toute discrétion.

Comment y survivre ?

En avalant la fève et en vous faisant conduire aux urgences.

Citation

« Je connais une belle-mère qui s'endort avec ses lunettes pour mieux voir souffrir son gendre dans ses rêves. »

COQUELIN CADET

Survivre à des vacances en famille

Les auteurs refusent catégoriquement d'écrire une seule ligne dans cette section. La seule idée de nous imaginer enfermés dans un camping-car pendant une semaine sur les routes de Lozère en famille nous rend malades.

Comment y échapper ?

Débrouillez-vous tout seuls !

Comment y survivre ?

Voir réponse précédente.

5 méthodes infaillibles pour vous fâcher avec votre famille

1. Critiquer les méthodes éducatives de vos frères/sœurs/cousins.
2. Leur prêter/emprunter de l'argent.
3. Procéder au partage de l'héritage.
4. Dire du mal de son beau-frère/belle-sœur.
5. Leur offrir ce livre.

Devinette

Combien y-a-t-il de pères dans un jeu des sept familles ?

Réponse : Non pas 7 mais 14, car les grands-pères sont aussi des pères.

Citation

« Je n'ai pas besoin d'ennemis, j'ai de la famille. »

Jean-Jacques Péroni

Provoquez l'Armageddon familial

Le réveillon de Noël est le moment idéal pour vous fâcher avec toute votre famille.

Une soirée où tout le monde se retrouve autour d'un bon repas fortement alcoolisé, entouré d'enfants aussi nerveux que des banquiers durant la crise. Profitez de cette soirée pour parler… politique.

- Commencez par dire à votre grand-père, ancien para lors de la guerre d'Algérie, que le seul homme politique crédible à vos yeux est Jean-Luc Mélenchon.
- À votre grand-mère dites que, DITES QUE, DITES QUE… Laissez tomber, elle est complètement sourde.

- À Léa, votre petite cousine portant un tee-shirt à l'effigie de Che Guevara, expliquez que Marine Le Pen est la solution aux problèmes de la France.
- À votre père, militant socialiste depuis la SFIO, il vous suffira de prononcer trois syllabes pour le rendre fou de rage, de tristesse et de désespoir : Hol-lan-de.
- Dites enfin à n'importe quelle personne autour de la table ayant un QI supérieur à 50 (ce qui exclut, de fait, les footballeurs, entraîneurs de foot et supporters de foot) que Nadine Morano ferait une bonne présidente.

Et là, assistez tranquillement, un verre de champagne à la main, à une bataille rangée digne de film hollywoodien.

Que répondre ?

Que répondre à un membre de votre famille qui vous reproche de ne pas assez venir le voir ?

- J'attends une bonne occasion pour venir vous voir, un enterrement par exemple.
- Vous êtes tellement laid que vous faites peur à mes enfants.
- Je n'ai pas tous mes vaccins pour venir à la campagne.
- Je serais bien venu l'année dernière, mais j'avais un puzzle à terminer.
- Je suis comme la comète de Halley, je ne passe que tous les 76 ans.

Réplique de film

– Bernard, le mec du *Grand Bleu*, il peut rester dix minutes sans respirer. Pascal, toi, tu peux pas rester dix minutes sans dire une connerie.

Les Trois Frères (1995),
des Inconnus

5 phrases à dire avant de partir pour être sûr de ne jamais être réinvité

1. J'ai passé une excellente soirée mais ce n'était pas celle-là !
2. Si je ne chope pas une intoxication alimentaire, ça tiendra du miracle.
3. Mon Dieu, que le temps a passé lentement.
4. Je pars vivre vingt ans dans l'Himalaya, on se voit à mon retour.
5. Je ne sais pas ce qui a été le pire, la nourriture ou la conversation.

Des mêmes auteurs :